DE L'INSTITUTION

DES

COURS PRÉVOTALES

ET DE

LEUR FONCTIONNEMENT DANS LE MIDI

DE L'INSTITUTION

DES

COURS PRÉVOTALES

ET DE

LEUR FONCTIONNEMENT DANS LE MIDI

DISCOURS

PRONONCÉ A LA SÉANCE SOLENNELLE DE RENTRÉE

DE LA SOCIÉTÉ DE JURISPRUDENCE D'AIX

(CONFÉRENCE DES AVOCATS)

LE 9 FÉVRIER 1876

PAR

Albert BEINET

AVOCAT

DOCTEUR EN DROIT.

AIX

Vᵉ REMONDET-AUBIN, IMPRIMEUR DE LA COUR

SUR LE COURS, 53

1876

A MONSIEUR MARTIAL BOUTEILLE

BATONNIER DE L'ORDRE DES AVOCATS.

L'alliance de l'histoire et du droit inspire d'ordinaire les discours prononcés dans des solennités semblables à celle qui nous réunit aujourd'hui. Appelé par la bienveillance de mes confrères à l'honneur de parler devant vous, je n'hésite pas à me conformer à une tradition, qui a l'avantage de tempérer la sévérité de la science des lois par l'intérêt qui s'attache à la science historique. Je me fais d'ailleurs une gloire de suivre un exemple donné par d'éminents magistrats, bien qu'il y ait du péril, je le sais, à chercher si haut des modèles. Des voix plus autorisées que la mienne ont éloquemment développé cette proposition, que la Justice ment à sa divine origine, lorsqu'elle se fait l'esclave du Pouvoir politique ; ce n'est plus alors qu'un mot, dont se servent les Tribunaux révolutionnaires pour envoyer à l'échafaud les nobles et les prêtres, et les hommes de la Commune pour faire tomber sous les balles des fédérés l'archevêque de Paris et le président Bonjean.

Mais l'Histoire est comme cette chaîne merveilleuse dont parle une légende de l'Orient, et dont les anneaux, quoique brisés par une force supérieure, tendent néanmoins à se rejoindre et à se ressaisir. 93 et 71 ne sont pas les seules dates douloureuses de notre histoire ; la période qui sépare ces deux époques a été marquée par d'autres commotions violentes, qui se rattachent fatalement à celles qui les ont précédées ou suivies, pour former la chaîne complète des temps modernes. Dans ces jours de trouble, la Liberté a sombré, et, avec elle, la notion du Droit ; la Justice humaine a frappé, mais en oubliant que, si d'une main elle tient un glaive, de l'autre elle tient une balance.

Montesquieu définissait la justice « un rapport de convenance qui se trouve réellement entre deux choses ; » et il ajoutait : « Il est vrai que les hommes ne voient pas toujours ce rapport ; souvent même, lorsqu'ils le voient, ils s'en éloignent, et leur intérêt est toujours ce qu'ils voient le mieux. La Justice élève sa voix, mais elle a peine à se faire entendre dans le tumulte des passions.[1] » Qu'aurait dit Montesquieu, s'il lui eût été donné d'assister aux déchirements politiques qui ont marqué notre siècle, comme la fin du siècle dernier ? Qu'aurait-il pensé de ces arrêts dictés par la plus violente

---

1. *Lettres Persanes*, 84.

et la plus mauvaise des passions, par la passion politique? — Mais, je me hâte de le dire à l'honneur de nos tribunaux, dont l'intégrité et l'indépendance sont au-dessus de toute attaque et de tout soupçon, la honte de ces condamnations, qu'un esprit impartial ne saurait s'empêcher de qualifier d'iniques, rejaillit uniquement sur des juridictions exceptionnelles, créées pour servir d'instrument au Pouvoir politique, et s'affublant du masque de la Justice pour assouvir les rancunes et les haines du vainqueur.

Ces rigueurs que rien ne saurait justifier ne sont-elles pas de nature à porter le trouble dans les esprits, à fausser la raison du peuple toujours enclin à juger d'après les apparences? Ne peuvent-elles pas avoir pour résultat de faire confondre la justice avec le caprice d'un moment, et les tribunaux avec les séides d'un parti? Aussi n'est-il peut-être pas sans utilité de se rappeler les moments néfastes où la clarté de la Justice a paru s'affaiblir; on peut mieux alors apprécier sa rayonnante splendeur dans les temps calmes et réguliers.

Je n'ai pas l'intention, Messieurs, d'étudier, dans leur organisation et leur fonctionnement, les diverses juridictions exceptionnelles, qu'on a vues apparaître à certaines époques malheureuses de notre histoire contemporaine. — Ma tâche sera plus modeste, et moins difficile : je ne m'occuperai que des Cours prévôtales.—Je ne me dissimule pas cependant les dangers que présente un pareil sujet ; mais j'apporte dans l'étude que j'entreprends un esprit dégagé de tout préjugé, et je n'oublierai pas que je suis dans le

sanctuaire de la Justice ; la recherche de la vérité sera
ma seule ambition.

D'ailleurs, représentant d'un Ordre qui a eu l'honneur
de se tenir toujours en dehors et au-dessus de tous le[s]
partis, je revendique hautement le droit de parler selon
ma conscience. — Il est des iniquités que doit condamner
tout homme impartial et honnête, à quelque parti qu'il
appartienne ; le crime doit être flétri, quel qu'en soit
l'auteur. Pourquoi lancer l'anathème contre les uns,
accorder aux autres l'absolution et l'oubli ? La grandeur
de l'œuvre de la Révolution détruisant les abus de l'ancien régime et ouvrant une ère nouvelle ne saurait
assurément faire pardonner les excès des Tribunaux révolutionnaires ; les bienfaits de la Restauration arrachant la
France à la servilité impériale [1] et réveillant la liberté
étouffée sous la gloire des armes pourraient-ils davantage
faire oublier les rigueurs des Cours prévôtales ?

II.

Le 15 octobre 1815, le Roi recevait, dans la salle du
Trône, les députations chargées de présenter à Sa Majesté
les adresses votées par les deux Chambres. Ces adresses, comme on s'y attendait, visaient principalement la
situation intérieure et réclamaient des mesures de ri-

---

1. « C'est la liberté qui est ancienne en France, disait Mme de
Staël, le despotisme seul y est moderne. »

gueur. — M. le chancelier Dambray, président de la Chambre des Pairs, s'exprimait ainsi : « Nous sommes dans la parfaite confiance que Votre Majesté saura toujours concilier, avec les bienfaits de sa clémence, les droits de la justice ; et nous oserons humblement solliciter de son équité la rétribution nécessaire des récompenses et des peines, l'exécution des lois existantes et la pureté des administrations publiques. » — La Chambre des Députés, par l'organe de son président, M. Lainé, formulait le même désir en ces termes : « C'est notre devoir de solliciter votre justice contre ceux qui ont mis le trône en péril. Votre clémence a été presque sans bornes ; nous ne venons pas cependant vous demander de la rétracter ; les promesses des rois, nous le savons, doivent être sacrées ; mais nous vous supplions, au nom de ce peuple même, victime de malheurs dont le poids l'accable, de faire enfin que la justice marche où la clémence s'est arrêtée. Que ceux qui, aujourd'hui encore, encouragés par l'impunité, ne craignent pas de faire parade de leur rébellion, soient livrés à la sévérité des tribunaux. La Chambre concourra avec zèle à la confection des lois nécessaires à l'accomplissement de ce vœu.[1] »

Le ministère ne tarda pas à utiliser le concours zélé des Chambres. Le lendemain même de la lecture des adresses, le ministre de la justice, M. Barbé-Marbois, soumettait à la Chambre des Députés un projet de loi sur la répression des cris séditieux et des provocations à la

_____

1. *Moniteur* du 17 octobre 1815.

révolte. Le 18, nouveau projet, présenté par M. Decazes, ministre de la police, et destiné, comme le précédent « à rassurer les bons citoyens et à intimider les méchants ; » violant ouvertement les principes reconnus par la Charte, ce second projet suspendait la liberté individuelle ; c'était, comme le fit remarquer un membre de la Chambre des Pairs, le renouvellement de la loi des suspects.

Les crimes étaient déterminés, les peines fixées ; il fallait des tribunaux pour poursuivre ces crimes, pour appliquer ces peines. Les juridictions ordinaires n'auraient pas été à la hauteur de la tâche que les lois nouvelles imposaient à la justice. « Il faut, disait M. Delamare dans son rapport sur le projet de loi instituant les Cours prévôtales, il faut, pour l'effroi des méchants, que la connaissance du châtiment parvienne aux pervers étonnés presque aussitôt qne celle du crime. L'action des lois criminelles doit être développée avec plus d'énergie et de promptitude ; il y a nécessité de livrer les prévenus à des tribunaux qui, par la nature de leur institution, mettent, dans la recherche et la punition du coupable, un appareil plus imposant. » Ce rapport était présenté le 1er décembre ; le projet fut discuté dans la séance du 4 ; le 5, il était voté à la majorité de 290 voix contre 10 ; le 20, la loi était promulguée. Quelques jours avaient suffi pour l'institution d'une juridiction exceptionnelle, dont les rigueurs allaient avoir un lugubre retentissement et amonceler les colères qui devaient éclater quinze ans plus tard.

Les lois dont je viens de parler blessaient la raison, l'humanité, la justice et les principes du droit criminel.

Mais il serait injuste d'en faire peser toute la responsabilité sur le gouvernement du roi Louis XVIII ; ce prince, libéral, ennemi des excès, voyait sa volonté paralysée par les exigences des puissances étrangères, et surtout par les emportements de quelques hommes égarés par un zèle aveugle.

Les souverains alliés réclamaient avec acharnement la punition des criminels qui avaient préparé ou favorisé le mouvement du 20 mars. Les journaux anglais ne se lassaient de répéter que la royauté courait à sa perte si elle tardait plus longtemps à châtier les traîtres ; le *Times* allait même jusqu'à dresser une liste des personnes qui devaient être pendues en place de Grève. Les représentants des cabinets européens ne rougissaient pas de se joindre à ce concert de colères et de violences déchaînées contre des vaincus réduits à l'impuissance ; lord Liverpool déclarait « qu'il lui était impossible de croire à la durée du gouvernement du Roi, tant que justice ne serait pas faite ; » d'autres ministres étrangers proposaient un moyen plus sûr et plus expéditif, envoyer les coupables en Sibérie.

Les excitations de la Chambre *introuvable* étaient encore plus violentes et plus dangereuses ; elles devaient avoir sur la conscience des juges et sur l'esprit du pays une influence déplorable. Dans les moments d'égarement qui suivent les grandes catastrophes, la colère du peuple cherche des victimes. Malheur alors à ceux que la fortune vient de trahir ; c'est sur eux que l'on fait peser la responsabilité des désastres publics. En 1815, la France était affolée par les calamités effroyables qui venaient de

la frapper ; pour empêcher les excès, conséquence iné-
vitable d'un entraînement aveugle, les représentants de
la nation auraient dû faire appel à la concorde et prati-
quer une politique d'apaisement. Mais ce n'étaient pas
des paroles de paix, c'étaient des paroles de haine et de
vengeance qui tombaient de la tribune française.

Les partisans du régime déchu étaient, en pleine Chambre, qualifiés de « vétérans du crime. » « Point de pitié,
disait-on,[1] pour ces factieux qui ne verront jamais leur
roi légitime qu'avec le sentiment infernal qui animait
l'Ange des ténèbres en regardant la Divinité elle-même. »
« Ces hommes, s'écriait un autre député,[2] n'ont point
le remords de Caïn ; ils ne s'ensevelissent pas comme lui
dans les déserts ; ils n'habitent pas les forêts ; ils sont au
milieu de vous ; ils jouissent d'immenses richesses ; leurs
palais sont ouverts à des esclaves nombreux, qui atten-
dent le moment de la vengeance. » C'est le même député,
qui, paraphrasant le mot fameux : « Tuez ! les morts
seuls ne reviennent pas, » avait fait entendre quelque
temps avant[3] ces sinistres paroles : « Pour arrêter leurs
trames criminelles, il faut des fers, des bourreaux, des
supplices. La mort, la mort seule peut mettre fin à leurs
complots. Ce ne sera qu'en jetant une salutaire terreur
dans l'âme des rebelles que vous préviendrez leurs coupables projets. Ce ne sera qu'en faisant tomber la tête de
leurs chefs que vous isolerez les factieux. Défenseurs de

1. Discours de M. de Sallaberry, dans la séance du 6 janvier 1816.

2. M. de Labourdonnaie, séance du 2 janvier 1816.

3. Le 10 novembre 1815, en comité secret.

l'humanité, sachez répandre quelques gouttes de sang, pour en épargner des torrents.[1] »

Ainsi, quelques députés, emportés par un zèle coupable, cherchaient à faire croire à un danger imminent et terrible, pour arrêter la clémence du Roi et pour faire accepter par les Chambres les mesures les plus arbitraires et les plus violentes. Ils évoquaient, non pas encore le spectre rouge, mais le spectre tricolore. Le Salut public, tel était le grand mot derrière lequel ils s'abritaient; mais ceux qui le prononçaient si souvent et qui en faisaient un si triste abus ne songeaient pas qu'ils ne faisaient que copier les hommes de 93 ; c'était aussi au nom du Salut public qu'un Comité révolutionnaire, fameux dans l'histoire, rendait ses décrets !

L'esprit dont la Chambre des Députés était animée se manifesta surtout dans la discussion des lois sur les cris séditieux et sur l'institution des Cours prévôtales. Le projet du Gouvernement assimilait les cris, les actes et les écrits séditieux à de simples délits correctionnels. Cette qualification indulgente souleva l'indignation générale ; de pareils forfaits réclamaient l'application des peines criminelles. La commission nommée par la Chambre corrigea le projet présenté par le ministère ; plusieurs faits prévus par la loi nouvelle furent rangés dans la catégorie des crimes, notamment les cris séditieux et le fait d'avoir arboré un drapeau autre que le drapeau blanc.

1. « Au plus fort de la Terreur, Saint-Just ne parlait pas autrement. » Duvergier de Hauranne, *Histoire du Gouvernement parlementaire en France*, t. iii, p. 309.

Mais alors une difficulté se présentait ; si l'on enlevait la
connaissance de ces infractions aux tribunaux correctionnels pour l'attribuer aux Cours d'assises, il y avait à
craindre que le jury ne prononçât des acquittements
trop fréquents ; d'un autre côté, il ne fallait pas songer
aux Cours spéciales établies par les art. 553 et s. du Code
d'instruction criminelle, la procédure devant ces Cours
se trouvant trop ralentie par la nécessité de faire juger
par la Cour de Cassation les questions de compétence. La
commission trancha cette question délicate : « Nous
avons dû, dit le rapporteur M. Pasquier, donner la préfé-
rence aux Cours d'assises, jusqu'à l'organisation des
Cours prévôtales, organisation généralement désirée par
tous les amis de l'ordre et de la paix publique, et dont
s'occupe M. le Garde des Sceaux. »

Comme conséquence du caractère nouveau reconnu à
plusieurs infractions prévues par le projet de loi, la
commission proposait la peine de la déportation. Plusieurs
députés trouvèrent encore que cette aggravation n'était
pas suffisante. L'un d'eux[1] estimait que la commission,
en jugeant les crimes compris dans le projet de loi d'une
gravité égale aux plus grands attentats, aurait dû leur
appliquer la peine la plus forte, et non pas seulement la
déportation : « La mort, disait-il, doit être prononcée
dans les deux cas prévus, dans le cas où le drapeau de la
rébellion aurait été arboré et dans le cas de menaces ou
provocations contre la personne du Roi. » Un autre dé-

---

1. M. Piet, dans la séance du 27 octobre 1815. Le *Moniteur*
ajoute que l'avis de ce député fut « vivement appuyé. »

puté[1] réclamait la même peine contre les instigateurs d'un complot non suivi d'effet. Un troisième[2] demandait que les individus acquittés en Cour d'assises pûssent être traduits en police correctionnelle.

Cependant, au milieu de ces propositions, dont le moindre défaut était de violer les principes de la législation moderne, quelques voix courageuses et éloquentes se faisaient entendre pour revendiquer les droits de la justice et de l'humanité. « Les lois modérées, disait M. Boris,[3] sont les plus utiles parce que ce sont les seules exécutées ; soyons en garde contre l'indignation que nous inspirent de trop odieuses manœuvres et des attentats trop coupables ; ne portons pas des lois de colère ; ne rappelons pas les lois de Dracon ! » « Faites attention, s'écriait à son tour M. de Serre,[4] faites attention que la loi dont vous vous occupez n'est pas une loi provisoire : c'est une loi pour l'avenir, et vous ne devez pas, en la portant, ne considérer que les circonstances actuelles. » Mais ces nobles paroles étaient couvertes par de violents murmures. — Les hommes modérés durent s'estimer heureux d'avoir pu obtenir que les cris séditieux et le fait d'avoir arboré le drapeau tricolore ne fussent punis que de la déportation. Il est vrai que la même peine était prononcée pour de simples paroles « ayant provoqué *d'une manière indirecte* au renversement du Gouver-

---

1. M. de Sallaberry.
2. M. Michelet, dans la séance du 28 octobre.
3. Séance du 27 octobre.
4. Séance du 28 octobre.

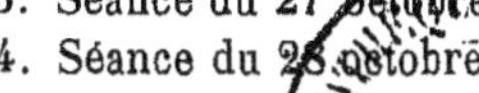

nement royal.[1] » Cette disposition fait songer à l'histoire de ce Marsyas,[2] qui fut mis à mort pour avoir *rêvé* qu'il coupait la gorge à Denys, ou à celle de ce gentilhomme français qui fut exécuté aux Halles pour avoir eu la *pensée* d'assassiner Henri III.

Le vote de la loi sur les Cours prévôtales souleva les mêmes passions. Cette loi instituait dans chaque département une commission demi-militaire, se composant d'un président, d'un Prévôt et de quatre juges. Voici, en quelques mots, l'analyse de ses dispositions principales :

Les fonctions de président et de juge sont remplies par les membres du tribunal de première instance du lieu où siége la Cour prévôtale. Le ministère public est représenté par le procureur du roi. Le Prévôt, pris parmi les officiers de terre ou de mer âgés de trente ans au moins et ayant le grade de colonel, est spécialement chargé de la poursuite et de la recherche des crimes dont la connaissance est attribuée aux Cours nouvelles. Il est assisté d'un assesseur, pris parmi les juges, appelé à assurer la régularité de ses opérations, « et à tempérer par l'expérience et l'habileté du jurisconsulte la rapidité

1. « Les paroles ne forment point un corps de délit. La plupart du temps, elles ne signifient point par elles-mêmes, mais par le ton dont on les dit... Quelquefois le silence exprime plus que le discours. Il n'y a rien de si équivoque que tout cela. Comment donc en faire un crime de lèse-majesté ? Partout où cette loi est établie, non-seulement la liberté n'est plus, mais son ombre même. » Montesquieu, *Esprit des lois*, xii, 11.

2. Plutarque, *Vie de Denys*.

des formes militaires.[1] » Le Prévôt joint à ses attributions d'officier de police judiciaire et de magistrat instructeur les fonctions de premier juge de la Cour.

Les Cours prévôtales procèdent contre tout individu qui se serait rendu coupable du crime de rébellion armée ou qui aurait été arrêté faisant partie d'une réunion séditieuse, contre toute personne prévenue de cris, discours ou écrits injurieux pour la personne du Roi ou des membres de la famille Royale. Elles connaissent également du fait d'avoir arboré un drapeau autre que le drapeau blanc, et des crimes d'assassinat et de vol commis à main armée ou avec violence sur les grands chemins.

La Cour est elle-même juge de sa compétence, sauf appel à la Chambre d'accusation de la Cour royale, laquelle statue définitivement, sans recours en cassation.

Si les accusés sont prévenus en même temps d'autres crimes, la Cour prévôtale, après avoir statué, renvoie devant le tribunal compétent, dans le cas où le crime de droit commun serait de nature à être puni d'une peine plus forte.

Enfin, les arrêts de condamnation sont en dernier ressort ; ils ne sont pas susceptibles d'un recours en cassation, et sont exécutoires dans les vingt-quatre heures. Le recours en grâce n'est permis qu'aux condamnés que la Cour a recommandés à la commisération du Roi.

1. Le Graverend, *Législation criminelle.*

Il est à remarquer que le projet présenté par le gouvernement était plus rigoureux pour les prévenus ; on eût dit que le ministère, éclairé par les discussions précédentes, avait voulu se mettre à la hauteur des sentiments de la Chambre. Ainsi, l'article 8 décidait que les individus justiciables des Cours prévôtales seraient jugés par elles, *même pour crimes antérieurs à la promulgation de la loi.* La commission modifia cette disposition manifestement contraire au principe de la non rétroactivité des lois ; et, malgré les efforts de quelques députés qui prétendaient que « toute institution, formée dans l'intérêt de la société, réagit nécessairement sur le passé, » la Chambre maintint cette modification ; la rétroactivité fut restreinte aux crimes antérieurs qui auraient été de la compétence des Cours spéciales. L'article 40 subit aussi un changement important ; il était ainsi conçu : « L'instruction sur le fond du procès ne sera point suspendue par l'envoi du jugement de compétence à la Cour royale ; il pourra *même être passé outre aux débats et au jugement définitif ;* mais il sera sursis à toute exécution, jusqu'à ce qu'il ait été prononcé par ladite Cour sur ce jugement. » Cette disposition fut vivement attaquée par M. Duplessis, [1] dont les paroles méritent d'être citées. « Cet article a quelque chose de révoltant. Juger un homme avant de savoir si on a le droit de le juger, dresser sa sentence de mort et la tenir toute prête à être exécutée, si toutefois on était autorisé à la rendre, le déshonorer provisoirement, et lui imprimer une tache qui rejaillira,

1. Séance du 4 décembre **1815**.

quoi qu'on fasse, sur sa femme et sur ses enfants, et que ni l'arrêt d'incompétence, ni l'arrêt qui peut suivre, n'effaceront jamais entièrement, c'est une nouveauté monstrueuse qu'on ne peut attribuer qu'à une inadvertance échappée au ministère. L'empressement à faire justice du crime ne doit pas nous emporter au delà des bornes de la raison et de l'humanité. » Cette éloquente critique eut pour résultat la modification de l'article 40. On ne s'explique pas par quelle étrange aberration d'esprit, le même député, qui parlait si haut des droits de l'humanité, ait pu, quelques instants après, lors de la discussion de l'article 44, demander le rétablissement, pour l'exécution des jugements prévôtaux, du supplice du gibet : « L'humiliation qui l'accompagne, disait-il à l'appui de sa proposition, produira des effets plus salutaires que la peine même. L'instrument que la Révolution a introduit a été consacré par la mort de trop d'innocentes victimes et teint d'un sang trop pur et trop illustre, pour être employé désormais à la punition du crime. » Cet anachronisme juridique eut heureusement peu de partisans ; la proposition fut repoussée.

Il est vrai que la Chambre rejetait également deux amendements de M. Hyde de Neuville,[1] le premier tendant à accorder au prévenu un délai de vingt-quatre heures pour choisir un conseil ; le second, réclamant « comme la prérogative la plus noble de la couronne, le droit de faire grâce. » La Chambre jugea plus prudent de réserver à la Cour prévôtale seule la faculté de sus-

1. Séance du 5 décembre 1815.

pendre l'exécution et de recommander le condamné à la clémence royale.

Au point de vue purement juridique, la loi consacrait plusieurs anomalies qui avaient échappé au législateur. Ainsi, le Prévôt siégeait comme juge ; c'était contraire à l'esprit de notre Code d'instruction criminelle ; l'article 257 de ce Code défend au juge instructeur de faire partie de la Cour d'assises. La disposition qui décidait que l'appel des arrêts de compétence serait porté devant la Chambre des mises en accusation, n'était pas, non plus, à l'abri de toute critique, la Cour royale réformant en dernier ressort la décision d'une Cour qui, dans l'ordre judiciaire, était son égale.

Mais c'est surtout l'esprit général de cette loi qui doit être condamné. Les Cours prévôtales devaient servir d'instrument de vengeance à quelques hommes qui ne voyaient « dans la Révolution, qu'une révolte, et, dans l'ordre né de cette Révolution, que le renversement de toutes les lois divines et humaines.[1] » Un seul député, M. Voyer d'Argenson, eut le courage d'attaquer la loi dans son principe et d'exprimer ses craintes à la tribune : « On a dit que l'arrivée du Prévôt suffisait seule autrefois pour jeter l'effroi parmi la multitude ; sait-on d'où venait cette terreur ? Ce n'était pas de l'approche de la justice, c'était de celle du juge ; chacun craignait de devenir victime de l'erreur, de la prévention, de la calomnie ; et souvent le criminel n'était pas celui qui tremblait le

---

1. Duvergier de Hauranne, *Histoire du gouvernement parlementaire en France*, t. III, p. 258.

plus. » Et M. d'Argenson laissait entendre que ce qui s'était produit dans le passé pourrait se produire dans l'avenir. — Les événements devaient lui donner raison.

III.

Les Cours prévôtales commencèrent à fonctionner dans les premiers mois de l'année 1816.[1]

Créées pour satisfaire les passions d'un parti politique, elles restèrent fidèles à l'esprit de réaction qui avait présidé à leur établissement. Le nombre des condamnations qu'elles ont prononcées est loin d'être aussi considérable que celui des jugements rendus par les Tribunaux révolutionnaires ; cependant la postérité se montrera aussi sévère à leur égard. On ne saurait sans doute trop condamner les excès d'en bas, les violences de la tourmente populaire ; mais les rigueurs venant d'en haut, et calculées froidement, ne doivent pas moins être réprouvées. L'Histoire ne connaît pas les indulgences aveugles ou coupables.

C'est surtout dans les départements qui se distinguaient par l'exaltation de leurs opinions royalistes, que les Cours nouvelles exercèrent leurs rigueurs ; au contraire,

1. Elles subsistèrent jusqu'à la fin de 1817, conformément à l'article 55 de la loi du 20 décembre, article disposant que « la présente loi cesserait d'avoir son effet après la session de 1817, si elle n'avait été renouvelée dans le courant de ladite session. »

elles ne frappèrent que des criminels de droit commun,
dans les départements où les partisans du nouvel ordre des
choses étaient moins nombreux ou plus modérés. Cette
remarque, dont la vérité est incontestable, prouve bien
que les condamnations prononcées par les Cours prévôtales étaient uniquement dictées par la passion politique
dominant dans certaines régions.

Le Midi se faisait remarquer par sa haine aveugle et,
malheureusement aussi, violente, contre ceux qui étaient
soupçonnés d'avoir peu d'admiration pour les institutions
nouvelles. La mobilité, et l'enthousiasme poussé souvent
jusqu'au fanatisme, tels sont les deux caractères distinc-
tifs de nos populations méridionales. Imaginations arden-
tes, susceptibles de se passionner pour les plus nobles
causes comme d'embrasser avec chaleur les plus mauvai-
ses, exagérant le bien et le mal, tantôt emportées par de
sublimes élans de patriotisme, tantôt se laissant aller
au plus profond découragement, toujours prêtes à céder
aux impressions de la dernière heure, elles ont joué un
rôle important dans toutes les phases de notre histoire,
elles ont leur place marquée dans ses plus belles comme
dans ses plus tristes pages. Nulle part, les opinions ne
sont plus divisées, les divisions ne sont plus marquées
que dans le Midi ; nulle part, les passions individuelles
ne sont aussi prononcées, les haines locales aussi vives.
Aussi la commotion qui suivit le désastre de Waterloo
et la seconde Restauration s'y fit-elle sentir avec une
violence inouïe.

A Marseille, des bandes de pillards et d'égorgeurs parcoururent les rues de la ville, laissant partout derrière elles la dévastation et la mort. Toute personne soupçonnée de nourrir des regrets était poursuivie et frappée. Les Mamelucks, souvenir vivant de la glorieuse campagne d'Egypte, n'échappèrent pas à la fureur des assassins ; vieillards, femmes, enfants, tous furent exterminés jusqu'au dernier.

A Avignon et à Toulouse, le crime eut deux illustres victimes, le vainqueur de Berghem, le maréchal Brune, une des gloires les plus pures de la République et de l'Empire, — et le général Ramel, qui, malgré sa proscription au 18 fructidor comme complice de Pichegru, ne put trouver grâce devant ses meurtriers.

A Nimes et à Uzès, les bandes de Trestaillons et de Graffan se livrèrent aux plus épouvantables massacres. Cette orgie de sang fut arrêtée un moment par l'arrivée des Autrichiens, que le préfet avait appelés pour rétablir l'ordre ; mais elle recommença après leur départ. C'est au duc d'Angoulême que revient l'honneur d'y avoir mis un terme ; — c'était un descendant d'Henri IV.[1]

Aux exécutions populaires succédèrent les condamnations judiciaires. Du sang encore fut répandu. Les Conseils de guerre, les Cours prévôtales, les Cours d'assises

---

1. « Le duc fit son entrée à Nimes le 15 novembre. Pendant deux jours, ce prince, cœur honnête, s'efforça de ramener la confiance parmi les protestants : il écouta leurs plaintes, accueillit leurs pasteurs, les fit asseoir à sa table et ordonna la réouverture de leurs temples, fermés depuis plusieurs mois. » A. de Vaulabelle, *Histoire des deux Restaurations*, t. iv, p. 356.

envoyèrent à la mort bien des victimes, et, parmi elles, de glorieux soldats qui avaient rempli le monde de la renommée de leurs exploits, et qui, après avoir échappé à la mitraille ennemie, tombèrent misérablement, frappés par des balles françaises ou par la hache du bourreau.

La loi du 20 décembre 1815 n'avait attribué aux Cours prévôtales que la connaissance d'un nombre restreint de crimes. — Quelques arrêts, extraits des registres de ces Cours, nous donneront une idée de l'esprit qui les avait dictés.

Aux termes de l'article 11, le fait d'avoir arboré un drapeau autre que le drapeau blanc constituait un crime de la compétence des nouvelles juridictions. — La Cour prévôtale de l'Hérault eut à juger, quelques jours seulement après son installation, une affaire de cette nature. — Dans la nuit du 14 au 15 avril 1816, un drapeau tricolore est suspendu à un des arbres de la Bouquerie, promenade publique de Lodève. La police se livre à de longues et patientes recherches et finit par découvrir que l'étoffe sort de chez un tailleur, le nommé Fulcrand Giraud. Le 13 mai, arrêt de condamnation de la Cour prévôtale : « Attendu que Fulcrand Giraud est un chaud et zélé partisan de l'usurpateur, que tout, dans les débats, a fourni la preuve qu'il était le complice de l'auteur ou des auteurs du crime sus-énoncé.... Par ces motifs, la Cour déclare Fulcrand Giraud convaincu d'avoir aidé ou assisté celui ou ceux qui ont arboré un drapeau tricolore, soit dans les faits qui ont préparé ou facilité le crime, soit dans ceux qui l'ont consommé..... Et le condamne à la peine de la déportation et au remboursement des frais avancés par l'État. »

Dans l'Aude, une poursuite analogue eut lieu contre un marchand de drap qui avait disposé des étoffes de manière à former les trois couleurs.

Les cris séditieux [1] étaient aussi rigoureusement poursuivis et punis ; et l'interprétation la plus large était donnée à la formule de la loi. — Un soldat, noble débris de la Grande Armée, renvoyé dans ses foyers, arrive à Sisteron ; tandis qu'il attend, sur la place, devant la mairie, qu'on lui délivre un billet de logement, il lie conversation avec quelques curieux, et raconte qu'il a entendu dire en route que « soixante voiles croisent en vue de Toulon, ayant à bord une armée de seize cent mille hommes, Américains, Turcs et Anglais ; que Bonaparte s'est emparé de Londres ; que le général Bertrand a été tué », et autres absurdités de ce genre. Ces propos arrrivent à la connaissance de la police ; l'imprudent soldat est arrêté et traduit devant la Cour prévôtale de Digne comme « ayant tenu les discours les plus criminels et les plus séditieux, et ayant provoqué d'une manière *indirecte* au renversement du Gouvernement royal ». Reconnu coupable, il est condamné à la déportation par arrêt du 18 septembre 1816.

---

1. Les cris séditieux pouvaient constituer des crimes de la compétence des Cours prévôtales (menaces d'attentat contre la vie du Roi ou d'un membre de la famille royale, provocations à la révolte même non suivies d'effet), ou de simples délits, dont la connaissance appartenait aux tribunaux correctionnels (cris, discours, ou écrits tendant à affaiblir le pouvoir du Roi).

A Carcassonne, la Cour prévôtale prononça une triple condamnation à mort, dont le souvenir subsiste encore et ne disparaîtra pas avant longtemps.— M. Beaux, chirurgien à Salles-sur-l'Hers, dans l'arrondissement de Castelnaudary, passant pour avoir des idées libérales, était en hostilité avec le maire de sa commune. Ce maire, qui devait être plus tard convaincu de faux témoignage en Cour d'assises, dénonça M. Beaux comme coupable d'avoir débité des nouvelles fausses et alarmantes et d'avoir proféré des cris séditieux. Le juge d'instruction de Castelnaudary commença des poursuites ; le prévenu était représenté « comme un homme essentiellement ennemi de toute société, comme un digne élève de Marat et de Robespierre.[1] » Cependant, sur les conclusions du Procureur du Roi qui déclara abandonner la poursuite, la Chambre du Conseil rendit à l'unanimité une ordonnance de non-lieu. Nouvelle dénonciation du maire, adressée cette fois au Procureur général, à Montpellier. Beaux fut arrêté de nouveau et condamné. Il fit appel. Transféré, par suite de cette circonstance, dans la prison de Carcassonne, il se trouva en rapport avec un inconnu, qui lui fit part d'un projet d'évasion ; Beaux, soupçonnant un piége, en ce temps où la délation était érigée en acte de civisme, résista longtemps ; à la fin, entraîné par deux de ses codétenus, qui, plus simples et plus ignorants, se voyaient déjà en liberté, il céda et ajouta quelques lignes à une lettre qui contenait le plan d'évasion. Quelques

---

1. *Journal de l'Aude*, du 26 juillet 1816.

instants après, la lettre était entre les mains du commis-
saire de police ; la nuit venue, le Prévôt, le colonel de
gendarmerie et le commandant de place, à la tête de la
garnison, cernaient la maison d'arrêt. On s'empara de
Beaux et de trois autres prisonniers, prévenus de délits
ou de crimes de droit commun. L'un deux, surtout,
était signalé comme très dangereux ; c'était un ancien
brigadier du train des équipages, nommé Jacques Gardey ; on l'accusait de s'être montré « un des plus enra-
gés partisans de l'usurpateur » ; il avait, en effet, pendant les Cent Jours établi une buvette, auprès des caser-
nes, avec cette inscription surmontée d'un drapeau tricolore : « Aux vrais amis de Napoléon » ; une cinquième
personne qui, se trouvant fortuitement dans la prison,
avait entendu parler du complot et ne l'avait pas révélé,
fut également arrêtée. L'affaire fut rapidement conduite ;
le 20 juillet, la Cour prévôtale de l'Aude condamnait à
la peine de mort Beaux, Gardey et Bonnery, comme coupables « d'avoir formé le complot de s'évader de la maison de justice de Carcassonne, de porter le massacre dans
la ville et d'attenter au Gouvernement du Roi » ; les deux
autres accusés, Miquel et Palau, furent condamnés à cinq
ans d'emprisonnement et à deux mille francs d'amende,
« comme coupables de non-révélation du complot. » —
Cette sentence produisit la plus pénible émotion dans la
ville. L'opinion publique n'avait pas pris la conspiration
au sérieux ; elle se refusait à admettre que trois personnes, enfermées dans une prison, eûssent formé le projet
de massacrer les autorités du département, de porter le
carnage dans la ville et de renverser le gouvernement du

roi.—L'exécution, et les circonstances qui l'accompagnè-
rent et la suivirent, produisirent une impression plus vive
encore. Le jugement avait été rendu à deux heures de
l'après-midi ; justice devait être faite dans la journée même. Mais l'œuvre du bourreau fut plus longue qu'on ne
pensait ; moins prévoyant que le commandant du fort de
Vincennes qui avait fait creuser la fosse du duc d'Enghien,
avant que la sentence de mort fût rendue,[1] le Prévôt
n'avait pas fait dresser l'échafaud à l'avance. Les aides de
l'exécuteur des hautes-œuvres refusèrent de construire
la fatale machine ; on fut obligé d'avoir recours à un portefaix. Enfin, à cinq heures tout est terminé ; en montant
les degrés de l'échafaud, Beaux aperçoit dans la foule le
Prévôt, venu pour hâter les préparatifs : « Prévôt, lui
dit-il, je remets à Dieu le soin de venger notre mort ; tu
ne tarderas pas à comparaître devant lui. » Cette prédic-
tion devait se réaliser ; déchiré par le remords, le juge ne
tarda pas à rejoindre sa victime. Le portefaix qui, séduit
par l'appât d'une riche récompense, avait aidé le bourreau dans sa sinistre besogne, alla se noyer le soir même
dans le canal du Languedoc.

Huit jours après, on lisait dans le journal officiel de

1. « On a procédé aujourd'hui, dans les fossés de la partie
méridionale du château de Vincennes, à l'exhumation des restes
de Mgr le duc d'Enghien..... Un garde d'artillerie et un paysan ont donné les indications les plus précises. Ce paysan, nommé Grison, avait lui-même creusé la fosse ; l'on a su par lui que
cette fosse avait été préparée *deux heures* après l'arrivée du
prince. et d'après les ordres d'Harel, qui commandait à cette
époque le fort de Vincennes. » *Journal des Débats* du 21 mars
1816.

l'époque : « Les conspirateurs des prisons de Carcassonne ont été jugés samedi dernier. La Cour prévôtale de l'Aude a condamné à la peine de mort Jean Beaux, chirurgien, Jacques Gardey, ex-militaire, et François Bonnery, cultivateur. *Le supplice de Beaux a délivré la société d'un de ces profonds scélérats, que distinguent les projets de la plus audacieuse férocité.*[1] »

A la même époque, le 22 juillet 1816, la Cour prévôtale de Montpellier témoignait de son zèle et de son dévoûment par une condamnation plus terrible encore. — Le 26 juin de l'année précédente, à la nouvelle du désastre de Waterloo, des groupes tumultueux s'étaient formés et avaient parcouru la ville en agitant le drapeau blanc et aux cris de : *Vive le Roi!* Le poste de la mairie, confié à des gardes nationaux, avait dissipé un de ces attroupements. Trompés par trois amnisties successives, les auteurs de cet acte de courage et d'imprudence ne songèrent pas à se soustraire par la fuite à la fureur de leurs ennemis. Cette confiance devait leur coûter cher ; ils furent traduits devant la Cour prévôtale, qui les déclara coupables « d'avoir commis toutes sortes de violences contre le peuple, qui se livrait à la joie que lui causait le prochain retour de son souverain légitime. » Cinq condamnations capitales furent prononcées. Suivant l'usage, l'expiation devait suivre immédiatement la sentence ; bien que l'heure fût avancée, on ne voulut pas renvoyer l'exécution au lendemain. L'échafaud ne fut

1. *Moniteur* du 29 juillet 1816.

dressé qu'à neuf heures du soir. Les ombres de la nuit ajoutèrent encore à l'horreur du supplice. On avait appris, seulement par les préparatifs de l'exécution, la condamnation et la poursuite ; ce ne fut pas sans un profond serrement de cœur, sans un sentiment de terreur et de colère, que l'on vit, à la lueur vacillante des torches, cinq personnes honorablement connues dans la ville et estimées de leurs concitoyens, conduites à la mort comme de vils criminels et plaçant leur tête sous le couteau de la guillotine. Les dénonciateurs eux-mêmes ne durent pas échapper à ce sentiment de pitié, que l'aspect de la mort fait naître dans les cœurs les plus endurcis ; on les voyait, quelque temps après, s'agenouiller sur la tombe de leurs victimes.

La Cour prévôtale de l'Hérault ne crut pas la justice satisfaite par cette sanglante immolation ; elle poursuivit impitoyablement tous ceux qui étaient soupçonnés de s'être montrés hostiles à la seconde Restauration. — Une affaire, dont le dénouement eut lieu devant la Cour d'assises d'Aix, mérite d'être rappelée, parce qu'elle nous prouve bien que les condamnations de l'époque ne reposaient, le plus souvent, que sur de faux témoignages. Un jeune homme de dix-huit ans, Gabriel Roussac, appartenant à une honorable famille de Montpellier, fut poursuivi comme ayant fait partie d'une bande qui, le 2 juillet 1815, alors que le drapeau blanc était promené dans les rues, s'était livré à une contre-manifestation. Des témoins vinrent affirmer que, ce jour-là, Roussac se trouvait à Béziers ; mais le ministère public fit remarquer que

cette déclaration ne pouvait l'emporter sur les déposi-
tions contraires, « parce que ceux qui la faisaient étaient
appelés à la décharge de l'accusé. » Convaincue par cette
excellente raison, la Cour prévôtale, par arrêt du 1er août
1816, condamna Roussac à la peine de dix années de
réclusion et au carcan, comme coupable de rébellion, et
en outre le renvoya devant le juge d'instruction pour le
fait de pillage d'un café. Au moment de comparaître devant la Cour d'assises pour y répondre de ce second crime,
Roussac parvint à s'évader et à passer à l'étranger ; il fut
condamné par contumace à vingt ans de travaux forcés
et à 5,000 francs d'amende. Un an après, les passions
s'étant calmées, Roussac rentra en France, pour purger
sa contumace ; sur sa requête, la Cour de cassation déclara qu'il y avait lieu à suspicion légitime contre la Cour
d'assises de Montpellier, et renvoya l'affaire devant la
Cour d'assises d'Aix. Dix-neuf personnes, parmi lesquelles des chefs de bataillon, des capitaines, des négo-
ciants, des avoués, témoignèrent de la présence de Roussac à Béziers le 2 juillet, jour où des bandes armées
avaient parcouru les rues de Montpellier et commis des
dégâts dans un café. La Cour d'assises prononça l'acquit-
tement (5 mai 1818). Il était donc certain que les personnes qui avaient déposé devant la Cour prévôtale étaient
de faux témoins. Un pourvoi en cassation contre l'arrêt
prévôtal fut formé par Roussac et soutenu par M. Odilon
Barrot ; mais l'article 45 de la loi du 20 décembre décidait trop formellement que les jugements des Cours prévôtales n'étaient pas susceptibles d'un recours en cassation ; la Cour suprême déclara que « le principe de l'ar-

ticle 45 ne pouvait être modifié que par la disposition d'ordre public de l'article 441 du Code d'instruction criminelle. » La Cour de cassation fut-elle plus tard saisie conformément à cet article ? Je l'ignore. Je croirais plutôt que la condamnation prévôtale, dont l'iniquité était évidente, fut ensevelie dans l'oubli.

Cette dernière supposition est peut-être plus fondée qu'on ne pense. Bien d'autres sentences rendues par les Cours prévôtales ne furent jamais exécutées, les personnes qu'elles frappaient ayant pu s'échapper et se tenir cachées pendant la durée de la Terreur blanche. Je ne donnerai pour preuve de ce que j'avance que l'affaire suivante, bien connue dans nos pays. — Un jeune avocat de Draguignan, dont les opinions libérales portaient ombrage aux autorités du Var, fut poursuivi devant la Cour prévôtale comme coupable d'avoir accueilli avec joie le retour de l'usurpateur et d'avoir conseillé à la population de se prononcer en faveur du mouvement du 20 mars. Malgré le pardon accordé « aux Français égarés » par la proclamation de Cambrai, malgré l'ordonnance du 24 juillet 1845, malgré la loi d'amnistie du 42 janvier suivant,[1] la Cour prononça la peine des travaux forcés à

1. « Je promets, moi qui n'ai jamais promis en vain, de pardonner aux Français égarés tout ce qui s'est passé depuis le jour où j'ai quitté Lille au milieu de tant de larmes jusqu'au jour où je suis entré à Cambrai au milieu de tant d'acclamations. Je n'excepterai du pardon que les instigateurs et les auteurs de cette trame horrible » *(Proclamation de Cambrai, 28 juin 1815).* — « Les listes de tous les individus auxquels les articles 1 et 2 pourraient être applicables sont et demeurent closes

perpétuité. Ce fut en vain qu'une jeune femme de dix-huit ans essaya d'arracher à la clémence royale la grâce de son mari ; son noble dévouement ne put toucher l'entourage du Roi. Une tentative d'évasion fut dès lors résolue. Doué d'une énergie et d'une force physique peu communes, le prisonnier parvint à sortir de sa cellule, et put même délivrer plusieurs de ses amis enveloppés dans la même poursuite et la même condamnation. Les fugitifs se retirèrent dans les montagnes de l'Estérel ; ils y vécurent plusieurs mois, cachés dans une grotte qui a conservé le nom du principal personnage de ce drame, les yeux sans cesse fixés sur la mer d'où devait venir la délivrance ; enfin, après de longs jours d'attente, ils aperçurent au large une embarcation envoyée à leur secours ; quelques heures après, ils étaient en Italie. Mais là, de nouvelles vicissitudes attendaient les proscrits ; dénoncés aux autorités locales, ils durent fuir de noûveau, et traversèrent le Pô à la nage sous les balles des Piémontais... Pendant ce temps, les passions se calmaient en France ; l'ordonnance du 5 septembre 1846, prononçant la dissolution de la Chambre, fut le signal d'un apaisement général. Le héros de cette histoire revint en France ; après

par les désignations nominales contenues dans ces articles (instigateurs et auteurs exceptés du pardon par la proclamation de Cambrai), et ne pourront jamais être étendues à d'autres pour quelle cause et sous quel prétexte que ce puisse être» (*Ordonnance du 24 juillet* 1815, *art.* 4). — « Amnistie pleine et entière est accordée à ceux qui, directement ou indirectement, ont pris part à la rébellion et à l'usurpation de Napoléon» (Loi du 12 janvier 1816, art. 1).

être resté quelque temps à Fréjus, chez une personne dévouée, il sortit de sa retraite et se fit inscrire au barreau de Draguignan. Les temps étaient bien changés ; pas une voix, pas même celle des juges, ne s'éleva pour réclamer l'exécution de la sentence ; le Temps, « ce grand justicier du passé, » comme dit Montaigne, avait fait tomber l'arrêt prévôtal dans l'oubli ou le mépris public.

Quinze ans plus tard, une mourante appelait à son chevet la femme du condamné de 1816. Cette malheureuse, dont la déposition avait servi de base à la condamnation prononcée par la Cour prévôtale, n'avait pas voulu rendre son âme à Dieu, sans déclarer qu'elle avait porté un faux témoignage et sans implorer un pardon qui lui fut généreusement accordé.

La Cour prévôtale de l'Isère est restée tristement célèbre entre toutes les Cours prévôtales du Midi. Tout le monde connaît l'histoire de la conspiration organisée par Didier. Trois cents paysans, dont Didier avait réveillé le patriotisme en représentant la France au pouvoir des étrangers, s'étaient soulevés pour marcher sur Grenoble. Mais le complot était découvert ; les insurgés furent reçus à coups de fusil et se débandèrent. *Trente* grenadiers, [1] commandés par le colonel de Vautré avaient suffi pour

---

1. « Je n'avais que quatre-vingt-dix hommes avec moi, mais je n'ai fait donner que trente grenadiers, qui étaient ma tête de colonne. Eux seuls ont pu faire le coup de fusil et le coup de baïonnette. » Lettre du colonel de Vautré au colonel de la légion des Bouches-du-Rhône.

mettre l'insurrection en fuite ; six paysans avaient été tués, un seul grenadier avait été blessé. Le lendemain, le général Donnadieu écrivait au ministre de la guerre : « Vive le Roi ! Monseigneur, les cadavres de ses ennemis couvrent tous les chemins à une lieue à l'entour de Grenoble. Déjà plus de soixante scélérats se trouvent en notre pouvoir ; la Cour prévôtale va en faire une prompte et sévère justice. On évalue le nombre des brigands à plus de quatre mille. » Comme le promettait le général Donnadieu, la répression devait être prompte et sévère. Le mouvement avait éclaté dans la nuit du 4 au 5 mai ; le 6, les prisonniers étaient ramenés à Grenoble ; le 7, trois d'entre eux étaient condamnés à la peine de mort par la Cour prévôtale. Le Prévôt s'était montré, dans le cours de l'instruction et des débats, d'une violence extrême ; il avait à faire oublier, en effet, son fanatisme révolutionnaire et plus tard bonapartiste ; un des condamnés osa lui rappeler son passé : « Vous avez, lui dit-il, chanté la *Marseillaise* au pied de l'arbre de la liberté, et maintenant vous m'envoyez à la mort, moi qui n'ai pas retourné mon habit. » Deux des condamnés, Buisson et Drevet, furent exécutés le lendemain ; le troisième, David, dont la culpabilité n'avait pas été clairement établie, fut recommandé à la commisération du Roi.

L'œuvre de la Cour prévôtale fut interrompue par la mise en état de siége du département de l'Isère, mais le Conseil de guerre la continua dignement. Constitué le 9 au matin, il entra immédiatement en séance ; le soir il prononçait vingt et une sentences de mort ; cinq des condamnés étaient recommandés à la clémence royale.

L'exécution des autres devait avoir lieu le lendemain. — Quelques instants avant l'heure fixée pour l'expiation, le Conseil ayant, grâce à l'intervention de quelques personnes courageuses, acquis la preuve matérielle de l'innocence de deux condamnés, ordonna qu'il serait sursis à leur exécution. Le nombre des victimes se trouva donc réduit à quatorze. Ces quatorze malheureux furent passés par les armes, pendant que la cloche de l'église Saint-André, brisant seule le silence de mort qui régnait sur la ville, sonnait le glas de l'agonie, tintement lugubre qui eut son écho dans tous les cœurs et dut résonner pendant longtemps à l'oreille des auteurs de cette boucherie ! — Mais le sacrifice n'était pas consommé. Trompé par les dépêches terrifiantes du général Donnadieu,[1] et craignant d'être accusé de faiblesse par les hommes violents auxquels les événements, dont on exagérait outre mesure la gravité, semblaient donner raison, le ministère ne prit en considération ni le pourvoi en grâce signé en faveur des cinq condamnés, ni le sursis accordé aux deux autres dont l'innocence avait été reconnue, ni la recommandation de la Cour prévôtale en faveur de David. L'exécution de ces huit personnes, parmi lesquelles ont voyait un

---

1. Le zèle du général Donnadieu lui valut les éloges de la *Quotidienne* : « C'est aux amis de la monarchie à dire si le général Donnadieu a répondu dignement à la confiance qui lui a été accordée. Il a éteint la première étincelle de la guerre civile, il a, par son *intrépidité*, sa *sagesse* et sa fidélité, justifié les espérances de son souverain, si juste appréciateur du mérite ; il a acquis à jamais la reconnaissance de tous les amis du trône. » Article reproduit par le *Moniteur* du 15 mai 1816.

enfant de seize ans à côté d'un vieillard de soixante, porta le nombre des victimes à vingt-quatre. « Au point de vue de l'humanité comme au point de vue de la politique, c'était trop, a dit un historien dont l'appréciation ne saurait être suspecte, M. Nettement. Quand les exemples nécessaires ont été faits, il faut que l'humanité désarme la justice. Le sang qui coule en dehors de cette nécessité sociale nuit, au lieu de servir, même quand il n'est pas illégalement versé. [1] »

Une victime encore devait tomber. Le chef du complot n'était pas compris dans les soixante *scélérats* capturés par le colonel de Vautré. Après avoir vainement essayé de relever le courage de ses compagnons, voyant tout perdu, Didier s'était jeté dans les bois qui avoisinent Grenoble ; fuyant de chaumière en chaumière, il parvint à gagner la Savoie ; mais, c'était au moment où, touchant la terre étrangère, il pouvait se croire à l'abri de tout danger, que la trahison devait avoir raison de lui ; livré par l'aubergiste Balmain, il ne tarda pas à repasser la frontière, escorté par les gendarmes piémontais. Il ne fut pas traduit devant le Conseil de guerre : l'état de siége venait d'être levé par le général Donnadieu ; la Cour prévôtale restait donc seule compétente. Ce fut le 8 juin que Didier comparut devant elle ; moins soucieux de sa vie que de son honneur et de sa mémoire, il fit les aveux les plus complets et ne chercha à s'abriter que derrière la grandeur de l'œuvre projetée, chasser de France les 150,000 Alliés qui l'occupaient ; folle illusion qui fut

1. *Histoire de la Restauration*, t. IV, p. 43.

payée au prix de tant de sang ! Condamné à mort dès le lendemain, il demanda, contrairement aux conclusions de son avocat, à ne pas être recommandé à la clémence royale : « J'ai fait mon sacrifice, dit-il, ma famille fera le sien. Je remercie mon défenseur de ses généreuses paroles ; mais je supplie la Cour de ne pas s'y arrêter ; je ne demande rien au Roi. » Quelques heures après, il montait sur l'échafaud.

Des sentences de mort furent encore rendues par la Cour prévôtale de Grenoble. Le 2 août 1816, elle prononçait cinq condamnations capitales. Mais le sang ne fut plus versé ; cette dernière série de condamnés put se soustraire par la fuite au sort qui l'attendait.

Je n'ai rien dit encore de la Cour prévôtale des Bouches-du-Rhône.[1] Ce silence, dans le récit de tant de rigueurs, est le plus bel éloge que je puisse en faire. La Cour prévôtale d'Aix, je suis heureux et fier de le dire, ne prononça pas une seule condamnation politique ; elle ne punit que des crimes de droit commun. — Une poursuite fut cependant commencée contre le nommé Davoust-Latouche, ancien sous-officier de cavalerie, professeur de latin ; on lui reprochait d'avoir dit en termes trop énergiques que Louis XVIII n'était pas capable de commander à des Français. La Cour prévôtale, par arrêt de compétence du 23 novembre 1816, déclara qu'il n'y avait

---

1. Les fonctions de Prévôt près cette Cour avaient été confiées à M. le marquis de Laincel, capitaine de vaisseau, dont la famille habite encore Aix aujourd'hui.

pas lieu à mettre en accusation Davoust-Latouche, à raison du crime de provocation au renversement du Gouvernement du Roi ; elle se borna à le renvoyer devant le tribunal correctionnel, comme prévenu d'un simple délit.

Cette modération et cette impartialité étaient d'ailleurs en harmonie avec l'esprit qui animait le Parquet de la Cour royale. Donnant un rare exemple de modération et de sagesse, les magistrats de ce Parquet faisaient tous leurs efforts pour calmer le zèle dévorant de quelques fonctionnaires trop dévoués ; les avocats généraux de Montmeyan et Arnaud peuvent à juste titre revendiquer l'honneur d'avoir redressé bien des injustices.

A Tarascon, sans avoir reçu aucun mandat légal, sur une simple dénonciation privée, les gendarmes opèrent plusieurs arrestations, et ne remettent leur procès-verbal au Procureur du Roi que trois semaines après. Instruit de ces faits, l'avocat général Arnaud n'hésite pas à qualifier cette mesure d'arbitraire et à blâmer sévèrement la conduite des agents de l'autorité. [1]

A Toulon, soixante-neuf personnes se trouvent détenues depuis sept ou huit mois, sans que l'on se soit encore occupé de l'instruction des affaires dans lesquelles elles sont impliquées. Intervention du Parquet d'Aix, qui ordonne de procéder sans délai à l'interrogatoire et par suite à l'envoi en jugement ou à la mise en liberté. [2]

La même situation s'étant produite à Sisteron, un or-

1. Archives de la Cour d'Aix. *Registre des matières criminelles correctionnelles et de police*, n° 3084.
2. *Ibidem*, n° 3022.

dre analogue est transmis au Procureur du Roi de cette ville. [1]

A Arles, c'est une injustice d'un autre genre qu'il faut prévenir. La Cour d'Aix avait appliqué l'amnistie aux frères Véran. Pour empêcher ceux-ci de revenir à Arles, des misérables, qui s'étaient livrés à leur encontre à toutes sortes de violences, les dénoncèrent comme coupables de cris séditieux. « Je suis persuadé, écrit un des avocats généraux au Procureur du Roi, que la plainte en cris séditieux contre Véran fils est calomnieuse ; les dénonciateurs ont aposté de faux témoins pour tromper la justice....[2] Il me paraît évident que cette accusation est une fausseté ; elle est portée par des individus qui appartiennent aux familles de ceux qui ont bâtonné Véran. [3] »

A Marseille, le Parquet de la Cour fait mettre en liberté une personne dans des circonstances analogues : « Il résulte des pièces, lisons-nous dans la lettre de l'avocat général, que le nommé Payan est partisan de l'ancien gouvernement, mais aucun fait caractérisé ne lui est imputé ; *sa détention pendant huit mois et les dégâts commis dans son habitation* semblent faits pour lui faire obtenir sa liberté. [4] »

La correspondance du Parquet de la Cour avec les Pro-

---

1. *Ibidem*, n° 3031.
2. *Ibidem*, n° 3213.
3. *Ibidem*, n° 3223.
4. *Ibidem*, n° 3187. Il est vrai que la lettre ajoutait « qu'il serait bon d'éloigner de Marseille la personne mise en liberté, de peur qu'elle ne se permît des clameurs et peut-être des insultes contre les auteurs du pillage de sa maison. »

cureurs du ressort nous montre à chaque page les avocats généraux luttant contre les passions politiques de l'époque, cherchant surtout à prévenir les juges contre les faux témoignages. « Il est à craindre, répètent-ils sans cesse, que l'esprit de discorde ne nuise à la sincérité et à la véracité des témoins.[1] » Cette correspondance fait le plus grand honneur aux magistrats dont j'ai rappelé les noms ; elle nous montre qu'en tout temps le Parquet d'Aix a été soucieux de la dignité de la justice, en même temps qu'elle nous éclaire sur les excès qu'il n'a pu empêcher.

IV.

« La mort juridique n'a jamais prouvé en théorie politique, non plus qu'en théorie philosophique ou religieuse, que l'absurde cruauté de ceux qui l'infligent..... La persécution est la flèche fée des conteurs orientaux, qui retourne au cœur de celui qui l'a lancée.[2] » Ces paroles, que Charles Nodier semble avoir écrites en songeant à l'œuvre de vengeance, dont je viens de retracer quelques épisodes, sont ici d'une exactitude rigoureuse. Dans l'espace d'un an, cinquante mille personnes, suivant les uns,[3] soixante-dix mille, suivant les autres,[4] furent jetées

1. *Ibidem*, n° 3190.

2. Ch. Nodier, *Souvenirs de la Révolution et de l'Empire*, t. ii, p. 196 et 197.

3. M. de Corcelles, devant la Chambre des députés, séance du 10 mars 1820 (*Moniteur* du 12 mars 1820).

4. A. de Vaulabelle, *Histoire des Deux Restaurations*, t. iv, p. 131.

en prison. Cette répression terrible devait peser lourde-
ment sur la monarchie de 1815. Mais la postérité doit
faire la part des circonstances, et ne pas oublier que,
comme le dit Montesquieu, « la nature des lois humaines
est d'être soumise à tous les accidents qui arrivent, et de
varier à mesure que les volontés des hommes changent.[1]»
Or, il est incontestable qu'en 1815, après une seconde
invasion, triste legs des Cent Jours, un souffle de réaction
passa sur la France. On doit reprocher au Pouvoir d'en
avoir subi l'influence ; mais sa faute paraîtra peut-être
moins grande, si l'on songe qu'il était servi par des fonctionnaires compromis sous les gouvernements précédents
et cherchant à cacher leur passé sous la violence de leurs
opinions royalistes. Ce sont ces hommes qui, brûlant du
désir de donner des preuves de leur dévouement, décou-
vraient partout des complots, demandaient sans cesse des
mesures de rigueur ; et, si parfois la voix d'un émigré
s'élevait pour réclamer l'indulgence et l'oubli, ils criaient
à la trahison. C'est sur ces courtisans de la fortune, véri-
table fléau de la société, que retombe en grande partie la
responsabilité des exécutions de 1816.

Et maintenant, après ce rapide coup d'œil jeté sur une
des époques les plus agitées — il y en a eu d'autres —
de notre histoire contemporaine, ne suis-je pas en droit
de conclure que les auteurs de pareils excès doivent être
également flétris, quel que soit le parti qui les compte
dans ses rangs. Les noms peuvent changer, mais les pas-

---

1. Montesquieu, *Esprit des Lois*, l. xvi, ch. 2.

sions sont les mêmes. L'impartiale Histoire doit au moins constater cette vérité, laissant à la Justice divine le soin de corriger les erreurs et les faiblesses de la Justice humaine.

Quant à nous, Messieurs, nous qui, à la distance où nous sommes des événements que je viens de rappeler, pouvons les apprécier avec sang froid, instruisons-nous aux leçons du passé. Vouloir fonder l'ordre social sur la violence et la rigueur, c'est une utopie et un crime. « Quand même la force brutale serait en effet au service de la vérité, elle n'en serait pas moins condamnable. [1] » Les sociétés, on l'a dit avec raison, vivent sur un malentendu perpétuel. Faisons tous nos efforts pour faire cesser ce malentendu ; puisque chaque parti a des fautes et des excès à se faire pardonner, mettons un terme à ces récriminations qui, réveillant les haines endormies, sont un obstacle à la conciliation et à la paix. Sachons surtout nous affranchir de l'esprit de parti, « l'esprit de ceux qui en ont peu, » comme on l'a justement appelé. [2]—La raison

1. Jules Simon, *La Liberté politique*, p. 358.

2. « Rien n'est plus difficile à guérir que l'esprit de parti ; c'est un mal qui plaît au malade ; il lui épargne beaucoup d'embarras, car il dispense de réflexion pour examiner et de vertu pour agir..... L'homme de parti ne sent pas le besoin de méditer pour agir, il voit tous les objets de profil et sous une seule face. Quiconque sert ses passions est plein de mérite, qui lui nuit est rempli de défauts et de vices. Aveugle à la lumière, sourd à la raison, il juge tout par son intérêt ; c'est la base de sa morale et la seule règle qu'il connaisse pour mesurer les hommes et les ac-

et les circonstances actuelles nous en font un devoir ; au moment où la France se relève de ses ruines et rentre en possession d'elle-même, sous la sauvegarde d'institutions qui lui permettront de mener à bonne fin l'œuvre de sa régénération, en ce moment suprême, rappelons-nous cette parole du grand orateur romain : « La cité n'est autre chose qu'une multitude d'hommes que la concorde réunit ; [1] » ; imposons enfin silence à nos passions et travaillons tous, sans relâche et sans arrière-pensée, à nous montrer dignes de ce don sublime de Dieu qui s'appelle la Liberté.

tions. Tout ce qui n'est pas fanatique lui paraît hérétique. Il excommunierait volontiers les trois quarts d'une nation pour l'épurer. » — Ces lignes, qui le croirait? sont extraites du *Moniteur* du 21 septembre 1816, il est vrai que l'ordonnance, prononçant la la dissolution de la Chambre *introuvable*, venait d'être rendue. Quoi qu'il en soit, le portrait est encore vrai aujourd'hui.

[1]. « Aliud civitas non est quàm concors hominum multitudo. » Cicéron, *de Republicâ*.

www.ingramcontent.com/pod-product-compliance
Lightning Source LLC
LaVergne TN
LVHW011403170726
843501LV00006B/1977